BEI GRIN MACHT SICH IHR WISSEN BEZAHLT

Nervensystem, Hypophyse und Neurofeedback. Biologische Psychologie

Madeleine Hartleff

Bibliografische Information der Deutschen Nationalbibliothek:

Die Deutsche Nationalbibliothek verzeichnet diese Publikation in der Deutschen Nationalbibliografie; detaillierte bibliografische Daten sind im Internet über http://dnb.d-nb.de abrufbar.

ISBN: 9783346287908
Dieses Buch ist auch als E-Book erhältlich.

© GRIN Publishing GmbH
Nymphenburger Straße 86
80636 München

Druck und Bindung: Books on Demand GmbH, Norderstedt Germany
Gedruckt auf säurefreiem Papier aus verantwortungsvollen Quellen

Das vorliegende Werk wurde sorgfältig erarbeitet. Dennoch übernehmen Autoren und Verlag für die Richtigkeit von Angaben, Hinweisen, Links und Ratschlägen sowie eventuelle Druckfehler keine Haftung.

Das Buch bei GRIN: https://www.grin.com/document/947190

Einsendeaufgabe

im Studiengang Psychologie (B. Sc.)

im Fach Biologische Psychologie

an der

SRH Fernhochschule – The Mobile University, Riedlingen

Verfasserin: **Madeleine Hartleff**

Inhaltsverzeichnis

Abkürzungsverzeichnis

ACTH	Adrenocorticotropes Hormon
ADH	Antidiuretisches Hormon
ADHS	Aufmerksamkeitsdefizit-/Hyperaktivitätsstörung
EEG	Elektroenzephalogramm/Elektroenzephalographie
HHL	Hypophysenhinterlappen, Neurohypophyse
HVL	Hypophysenvorderlappen, Adenohypophyse
Hz	Hertz
NF	Neurofeedback
PNS	peripheres Nervensystem
SNS	somatisches Nervensystem
STH	Somatotropes Hormon
VNS	vegetatives Nervensystem
ZNS	zentrales Nervensystem

Abbildungsverzeichnis

Aufgabenstellung

Die Aufgabenstellung wurde aus urheberrechtlichen Gründen durch das Lektorat entfernt.

1 Unterschied zwischen somatischen und vegetativen Nervensystem

Das Schreiben dieses Textes bzw. das Lesen dieses Textes bedarf eines komplexen Zusammenspiels unseres Körpers. Schließlich müssen dafür Informationen verarbeitet werden und wiederum Befehle ausgeführt werden. Dies alles wird durch Milliarden von spezialisierten Nervenzellen oder Neuronen in unserem Körper ermöglicht. Diese Nervenzellen bilden das Gehirn und die Nervenfasern, die überall in unserem Körper zu finden sind (Gerrig, 2016, S. 92; Myers, 2014, S. 58). Daraus ergibt sich nach Michael-Titus, Revest & Shortland (2018), dass das Nervensystem nicht nur hoch spezialisiert ist, sondern außerdem eine sehr komplexe Struktur besitzt. Das Nervensystem ist ein Informationsverarbeitungssystem, das alle physiologischen Prozesse des Körpers lenkt. Weiterhin hat das Nervensystem Aufgaben, die eigenständig ablaufen und Tätigkeiten, die die anderen Körpersysteme nicht benötigen. Wie bereits oben geschrieben, bildet das Nervensystem die Grundlage für viele verschiedene Prozesse, wie zum Beispiel das Denken, Sprechen oder das bewusste Wahrnehmen der Umwelt (Michael-Titus et al., 2018, S. 1). Zusammengefasst hat das Nervensystem vier wichtige Aufgaben (Michael-Titus et al., 2018, S. 1): (1) die Wahrnehmung von sensorischen Eindrücken aus der Umwelt; (2) das Zusammenführen von den verschiedenen Informationen zum Auswerten; (3) die Reize vom zentralen Nervensystem (ZNS) zu den Organen weiterleiten und somit eine motorische Reaktion veranlassen sowie (4) das innere Gleichgewicht im Körper aufrechterhalten für eine optimale Körperfunktion.

Um dies zu verstehen, ist wichtig zu wissen, wie das Nervensystem aufgebaut ist. Das Nervensystem von Wirbeltieren ist immer paarweise aufgebaut und unterteilt sich in das zentrale Nervensystem und das periphere Nervensystem (PNS) (Pinel & Pauli, 2007, S. 70–71). In der Abbildung 1 ist die Untergliederung des Nervensystems dargestellt.

Das zentrale Nervensystem beinhaltet das Gehirn und das Rückenmark und bildet funktionell und anatomisch eine Einheit (Rockstroh, 2011, S. 30). Hingegen umfasst das periphere Nervensystem alle Nervenfasern, die mit dem ZNS

7

kommunizieren (Gerrig, 2016, S. 92). Das PNS befindet sich jeodch außerhalb des Gehirns und des Rückenmarks (Pinel & Pauli, 2007, S. 70). Weiterhin besteht das PNS aus Nervenfasern, die motorische und sensorische Informationen an das ZNS weiterleiten (Becker-Carus & Wendt, 2017, S. 43). Dazu gehören die Nervengeflechte, das heißt die klassischen peripheren Nerven und die zwölf Hirnnerven (Dierlmeier, 2015, S. 12). Funktional lässt sich das PNS in das somatische oder willkürliche Nervensystem (SNS) und das autonome oder vegetative Nervensystem (VNS) unterteilen (Rockstroh, 2011, S. 30). Nach Pinel und Pauli (2007) unterteilen sich das SNS und das VNS wiederum in afferente und efferente Nerven (S. 70). Allgemein kann gesagt werden, dass Nerven, die zum Gehirn hinleiten als Afferenzen bezeichnet werden und Nerven, die vom Gehirn wegleiten als Efferenzen (Rockstroh, 2011, S. 30). Im nachfolgenden Text werden die beiden Nervensysteme (SNS und VNS) des peripheren Nervensystems genauer betrachtet und abschließend deren Unterschiede erläutert.

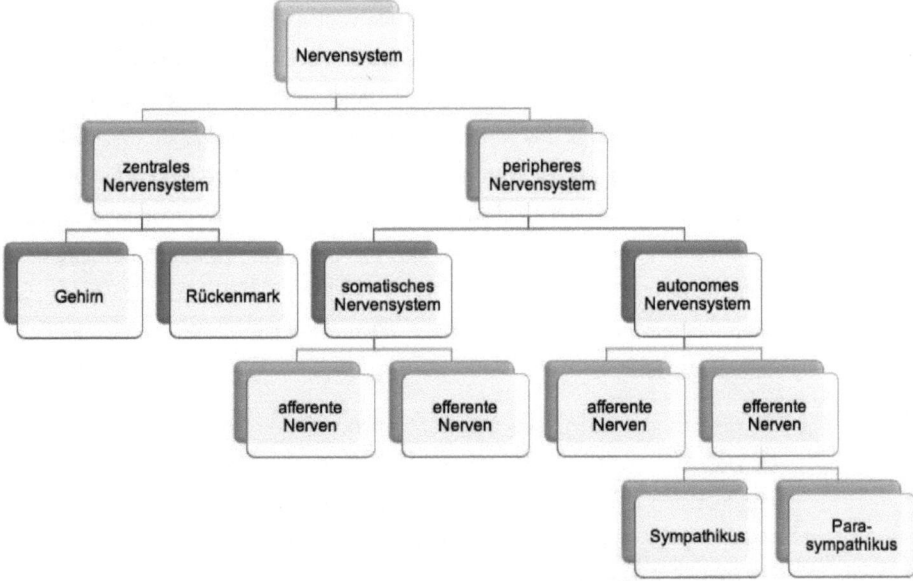

Abbildung 1: Die Hauptabteilungen des Nervensystems
Quelle: Eigene Darstellung in Anlehnung an Pinel & Pauli (2007, S. 72)

1.1 Somatisches Nervensystem

Das somatische Nervensystem wird auch animales oder willkürliches Nervensystem genannt (Dierlmeier, 2015, S. 12; Schiebler & Korf, 2007, S. 720). Da viele Aktivitäten dieses Nervensystem unter der Kontrolle des Menschen stehen und bewusst ablaufen, trägt das Nervensystem den Namen willkürliches Nervensystem (Silbernagl & Despopoulos, 2007, S. 78). Das SNS hat sowohl zentrale als auch periphere Bestandteile (Schiebler & Korf, 2007, S. 720).

Nach Gerrig (2016) reguliert das somatische Nervensystem die Aktivität der Skelettmuskulatur eines Menschen (S. 93). Dies geschieht zum Beispiel, wenn eine Person sich von einem Stuhl erheben möchte. Um sich von dem Stuhl zu erheben, muss dieser Gedanke willentlich gefasst werden, damit anschließend die Muskulatur mobilisiert werden kann. Beim Aufstehen werden unter anderem die Beinmuskeln, die Rumpfmuskulatur und die Bauchmuskulatur aktiviert. Gleichzeitig senden die Muskeln eine Rückmeldung über ihre aktuelle Position. Wenn die Person steht, wird dies ebenfalls an das Gehirn weitergeleitet und der nächste Schritt kann erfolgen.

Das somatische Nervensystem teilt sich, wie bereits weiter oben beschrieben, in afferent und efferente Nerven auf (Pinel & Pauli, 2007, S. 70). Die afferenten Nerven oder Afferenzen sind die wichtigsten Strukturen des peripheren Nervensystems (Michael-Titus et al., 2018, S. 20; Pinel & Pauli, 2007, S. 70). Diese peripheren Rezeptoren werden entsprechend ihrer sensorischen Modalitäten in drei verschiedene Rezeptoren unterteilt (Michael-Titus et al., 2018, S. 20): (1) Mechanorezeptoren, (2) Chemorezeptoren und (3) Fotorezeptoren. All diese Rezeptoren leiten ihre Informationen zum zentralen Nervensystem weiter (Pinel & Pauli, 2007, S. 70). Allgemeiner gesprochen sind die Rezeptoren für Aufgaben, wie das Sehen, Hören, Schmecken, Riechen sowie das Tasten und Fühlen zuständig. Außerdem kann über die Haut Temperatur und Schmerz wahrgenommen werden (Michael-Titus et al., 2018, S. 20–21). Die Afferenzen stellen somit den sensorischen Anteil der bewussten Wahrnehmung dar (Becker-Carus & Wendt, 2017, S. 43–44).

Die efferenten Nerven arbeiten genau in die entgegengesetzte Richtung, das heißt, die motorischen Signale werden vom zentralen Nervensystem zu den Skelettmuskeln übertragen (Pinel & Pauli, 2007, S. 70). Aus diesem Grund wird auch davon gesprochen, dass die motorischen Anteile die Skelettmuskulatur kontrollieren (Becker-Carus & Wendt, 2017, S. 43).

Das somatische Nervensystem enthält ebenso Integrationszentren, die die sensorischen Informationen empfangen und das efferente Antwortsignal erzeugen (Patton & Thibodeau, 2016, S. 394). Dies geschieht zum Beispiel, wenn eine Person sich den Zeh an der Bettkante stößt. Die sensorische Information ist in diesem Fall der Schmerz im Zeh, der dazu führt, dass der Fuß zurückgezogen wird und eventuell ein Schmerzenston hervorgerufen wird.

1.2 Vegetatives Nervensystem

Der andere Teil des peripheren Nervensystems ist das autonome oder vegetative Nervensystem. Dieses steuert automatische, unwillkürliche, viszerale Funktionen, an die der Mensch normalerweise nicht denkt, wie das Atmen, die Verdauung und die Produktion von Schweiß (Weiten, 2011, S. 90–91). Das autonome Nervensystem muss zu jeder Tages- und Nachtzeit aktiv sein, so auch wenn wir schlafen, eine Narkose erhalten haben oder während eines längeren Komas (Gerrig, 2016, S. 93). Davon kann bereits abgeleitet werden, dass das vegetative Nervensystem aus Nerven besteht, die mit dem Herzen, den Blutgefäßen, den glatten Muskeln und den Drüsen verbunden sind (Weiten, 2011, S. 91). Der Name autonomes Nervensystem kommt daher, dass das Nervensystem meist selbstständig arbeitet, obwohl es vom zentralen Nervensystem gesteuert wird (Myers, 2014, S. 59; Weiten, 2011, S. 91). Wie auch das somatische Nervensystem hat das VNS zentrale und periphere Anteile (Schiebler & Korf, 2007, S. 721). Ein weiterer Punkt, der identisch ist, zwischen den beiden Nervensystemen, ist die Unterteilung in afferente und efferente Nerven (Pinel & Pauli, 2007, S. 70).

Nach Michael-Titus und Kollegen (2018) liefern die Afferenzen des VNS sensorische Informationen aus den inneren Organen an das ZNS. Dies läuft in den meisten Fällen ab, ohne dass der Mensch dies bemerkt. Es gibt nur wenige Informationen, die in das Bewusstsein einer Person gelangen. So etwa ein Hungergefühl, ein hoher Puls oder Übelkeit (Michael-Titus et al., 2018, S. 25). Es kann ebenfalls gesagt werden, dass die Afferenzen das Labor des Körpers sind, da sie den ganzen Tag damit beschäftigt sind verschiedenste Werte im Körper zu kontrollieren und gegebenenfalls nach zu regulieren (Gauggel & Herrmann, 2008, S. 278).

Hingegen leiten die efferenten Bahnen des autonomen Nervensystems Informationen zu den viszeralen Effektoren, bei denen es sich hauptsächlich um glatte Muskeln, den Herzmuskel, Drüsen und anderes unwillkürliches Gewebe handelt (Patton & Thibodeau, 2016, S. 395). Die efferenten Nerven werden weiterhin in sympathische Nerven (Sympathikus) und parasympathische Nerven (Parasympathikus) unterschieden (Pinel & Pauli, 2007, S. 70). Diese beiden Systeme arbeiten gegensätzlich zueinander (Becker-Carus & Wendt, 2017, S. 44). Der Sympathikus reagiert auf Situationen, die Gefahr, Stress oder eine Herausforderung implizieren (Myers, 2014, S. 59). Entsprechend dieser Reaktion wird der Körper dazu gebracht Höchstleistungen zu erbringen (Schiebler & Korf, 2007, S. 206). Während dieses Vorgangs wird zum Beispiel die Herzrate gesteigert und die Atemfrequenz erhöht sowie die Pupillen vergrößert und die Aktivität des Magen-Darm-Traktes wird herunter gefahren (Rockstroh, 2011, S. 31; Schiebler & Korf, 2007, S. 206). Hingegen ist der Parasympathikus daran beteiligt, dass eine Person zur Ruhe kommt und regenerieren kann (Michael-Titus et al., 2018, S. 25). Je nach Literatur kommt noch eine dritte Einheit hinzu (vgl. u. a. Michael-Titus et al., 2018, S. 25; Pinel & Pauli, 2007, S. 70). Der dritte Anteil ist nach Cuevas (2015) das enterische Nervensystem. Das enterische Nervensystem reguliert die Funktionen des Magen-Darm-Traktes (Cuevas, 2015, S. 1).

Durch dieses Zusammenspiel der afferenten und efferenten Nerven ist es dem Organismus möglich, sich ständig an neue Gegebenheiten anzupassen (Entringer & Heim, 2016, S. 22). Weiterhin gibt es, laut Geuter (2015), Untersuchungen, die bestätigen, dass sich das vegetative Nervensystem durch seine Verbindung mit dem ZNS willentlich beeinflussen lässt. Dies sei durch Atemübungen, Yoga und Meditation möglich (Heller, 2012; zitiert nach Geuter, 2008, S. 113).

1.3 Unterschied zwischen den Nervensystemen

Im nachfolgenden Text werden die Unterschiede zwischen den beiden Nervensystemen des peripheren Nervensystems beschrieben.

Entwicklungstechnisch unterscheiden sich die beiden Nervensysteme, entsprechen Dierlmeier (2015), ebenfalls. Das SNS ist im Vergleich zum VNS noch ein sehr junges Nervengewebe. Entsprechend ist das VNS deutlich weniger differenziert (Dierlmeier, 2015, S. 12, 25).

Wie bereits weiter oben beschrieben wird das somatische Nervensystem, auch willkürliches Nervensystem genannt. Nach Dierlmeier (2015) erfolgen durch das SNS vor allem gewollte Vorgänge, die hochdifferenziert sind. Dies bezieht sich jedoch nur auf die Skelettmuskulatur. Durch diese willentliche Ansteuerung des SNS ist es möglich gezielt die quergestreifte Muskulatur des Körpers anzusprechen. Hingegen ist das VNS ein unwillkürliches Nervensystem, dass sich nur sehr begrenzt bewusst ansteuern lässt. Das VNS betreut die glatte Muskulatur sowie die Blutgefäße, die Drüsen und den Herzmuskel. Außerdem ist das VNS dafür zuständig, dass der Mensch Gänsehaut bekommt. Weiterhin hat das VNS die Möglichkeit in Stress- und Angstsituationen eine ungerichtete Tonusregulation des quergestreiften Muskulatur auszuführen (Dierlmeier, 2015, S. 25).

Dierlmeier (2015) weist darauf hin, dass die quergestreifte Muskulatur durch eine spezifische Region aus dem Gehirn bzw. des Rückenmarks versorgt wird. Hingegen werden die Zielorgane beim VNS durch zwei geteilte Systeme, den Sympathikus und den Parasympathikus, betreut (Dierlmeier, 2015, S. 25).

Abschließend ist zu erwähnen, dass die Gefahr für eine Verletzung des somatischen Nervensystems vergleichsweise hoch ist und eine vollständige Heilung als eher gering eingeschätzt wird. Im Gegensatz dazu hat das autonome Nervensystem ein eher geringes Verletzungsrisiko und die Heilungschancen sehen sehr gut aus (Dierlmeier, 2015, S. 25).

2 Die Hypophyse und ihre Hormone

Neben dem Nervensystem hat der menschliche Körper ein zweites hoch spezialisiertes System, das die Arbeit des Nervensystems unterstützt: das endokrine System (Gerrig, 2016, S. 102). Das endokrine System besteht aus verschiedenen hormonproduzierenden Drüsen (Karenberg, 2007, S. 167). Hormone können vereinfacht als chemische Botenstoffe bezeichnet werden, die von ihrem produzierenden System durch die Blutbahn zu den entsprechenden Organen weitergeleitet werden (Becker-Carus & Wendt, 2017, S. 44–45).

Unter den endokrinen Drüsen ist die Hypophyse (Hirnanhangdrüse) die Struktur mit dem größten Einfluss (Myers, 2014, S. 63). Zugleich ist die Hypophyse ein Teil des Gehirns, das erbsengroß ist und direkt unter dem Hypothalamus liegt (Becker-Carus & Wendt, 2017, S. 46; Myers, 2014, S. 63). Die Hypophyse teilt sich in zwei Systeme auf: die Adenohypophyse (Hypophysenvorderlappen, HVL) und die Neurohypophyse (Hypophysenhinterlappen, HHL) (Birbaumer & Schmidt, 2010, S. 127).

Nach Birbaumer und Schmidt (2010) erzeugt und lagert die Adenohypophyse sechs essenzielle Hormone ein. Vier dieser Hormone sind Steuerhormone (glandotrope Hormone), weil das Zielorgan jeweils eine Drüse ist. Die anderen beiden Hormone wirken hingegen auf ein Organ oder den kompletten Organismus ein. Die glandotropen Hormone sind (1) das adrenokortikotrope Hormon (ACTH), dass auf die Nebennierenrinde wirkt, (2) das thyreoidea-stimulierende Hormon, dass auf die Schilddrüse wirkt, (3) das folikel-stimulierende Hormon, dass auf die Gonaden wirkt und (4) das luteinisierende Hormon, das ebenfalls auf die Gonaden wirkt. Zu den beiden nicht-glandotropen Hormonen zählt das somatotrope Hormon (STH), dass auf alle Körperzellen wirkt und Prolaktin, dass auf Körperzellen wirkt, wie zum Beispiel, die Mamma oder die Gonaden (Birbaumer & Schmidt, 2010, S. 127).

In dem Hypophysenhinterlappen werden, nach Birbaumer und Schmidt (2010), ebenfalls zwei wichtige Hormone produziert: (1) antidiuretisches Hormon (ADH) und (2) Oxytocin. Da die HHL die präsynaptischen Endigungen auf Blutkapillaren bilden, können die Hormone der HHL direkt in die Blutlaufbahn abgegeben werden (Birbaumer & Schmidt, 2010, S. 127).

Von den acht genannten Hormonen können in dieser Arbeit nur vier Hormone ausführlicher beschrieben werden. In Anlehnung an den Studienbrief „Biologische Psychologie" (Karim & Eck, 2015, S. 48) werden die Hormone Oxytocin, Vasopressin, Somatotropin und adrenocorticotropes Hormon beschrieben.

2.1 Oxytocin

Oxytocin wirkt auf ganz unterschiedliche Prozesse des menschlichen Organismus und dessen Emotionen. Die einzelnen Themen werden in diesen Abschnitt kurz vorgestellt und anhand von empirischen Befunden belegt.

Oxytocin spielt während der Mutterschaft eine wesentliche Rolle (Walter, 2003, S. 100). Nach Helmer, Brunbacher, Fuchs, Husslein und Knöfler (2002) nimmt die Konzentration von Oxytocin bei der Geburt eines Säuglings zu. Der Anstieg des Oxytocins führt zu einer regelmäßigen Kontraktion des Uterus während der Wehen (Helmer et al., 2002, S. 171). Es erfolgt während der Geburt jedoch keine kontinuierliche Abgabe von Oxytocin, sondern nur eine schubweise Abgabe durch die Hypophyse (Walter, 2003, S. 100). Anschließend ist Oxytocin für das Einschießen der Muttermilch in die Brust beim Stillen zuständig (Pinel & Pauli, 2007, S. 423). Durch das Saugen des Säuglings an der Brust der Mutter, wird, laut Walter (2003), Oxytocin durch die Hypophyse freigesetzte. Dies führt dazu, dass mehr Muttermilch freigesetzt werden kann und verschafft der Mutter ein angenehmes Gefühl. Dies führt dazu, dass die Bindung zwischen der Mutter und dem Kind gestärkt wird (Walter, 2003, S. 100). Eine Studie von Gordon, Zagoory-Sharon, Leckman und Feldman aus dem Jahr 2010 konnte zeigen, dass Oxytocin genauso bei jungen Vätern ausgeschüttet wird, wenn diese sich um ihr Neugeborenes kümmern (Kap. Results).

Nicht nur bei der Bindung zwischen Elternteil und Kind ist das Hormon Oxytocin beteiligt, sondern, nach Bartels und Zeki (2004), ebenso an der Bindung langfristigen Paarbeziehungen zwischen Erwachsen (S. 1155). Entsprechend der Forschung von Bartels und Zeki (2004) können starke emotionale Bindungen an eine Person sogar negative Emotionen hemmen. In der Studie wird vermutet, dass Liebe durch die Ausschüttung von Oxytocin erfolgt ((Bartels & Zeki, 2004,

S. 1162). Damasio (2005) vermutet außerdem, dass Oxytocin für Vertrauen gegenüber anderen Personen verantwortlich ist (S. 571–572).

Des Weiteren konnte in einer Untersuchung von Kosfeld, Heinrichs, Zak, Fischbacher und Fehr (2005) festgestellt werden, dass Oxytocin das Vertrauen von Menschen gegenüber unbekannten Situationen oder Personen beeinflusst. Ein höherer Oxytocinspiegel im Blut hat einen positiven Effekt auf das Vertrauen von Menschen (Kosfeld et al., 2005, S. 675). De Dreu, Greer, Handgraaf, Shalvi und Van Kleef (2012) vermuten jedoch, dass Oxytocin je nach Kontext eine andere Wirkung auf den menschlichen Körper hat. So beschreiben die Wissenschaftler in ihrer Studie, dass Menschen während eines erhöhten Oxytocinspiegels im Blut ebenso bereit sind, sich Verbündete zu suchen, die eine starke Bedrohung darstellen, um die eigene In-Group nach außen bedrohlicher wirken zu lassen (De Dreu et al., 2012, S. 1153). Hinzu kommt, dass in einer Studie von Shamay-Tsoory und Kollegen (2009) gezeigt wurde, dass unter der Gabe von Oxytocin die Empfindungen Freude und Neid gegenüber anderen Menschen steigen (S. 868).

2.2 Antidiuretisches Hormon

Das antidiuretische Hormon wird auch als Adiuretin oder Vasopressin bezeichnet (Birbaumer & Schmidt, 2010, S. 128; Pinel & Pauli, 2007, S. 423). Der Name Vasopressin kommt daher, dass das Hormon eine blutdrucksteigernde Wirkung hat (Birbaumer & Schmidt, 2010, S. 128). Nach Birbaumer und Schmidt (2010) ist dieser Name jedoch irreführend und sollte nicht verwendet werden (S. 128).

Die eigentliche Aufgabe des ADH ist die Regulation des Wasserhaushaltes im menschlichen Körper (Pinel & Pauli, 2007, S. 423). Stalla (2007) schreibt, dass ADH durch verschiedene Faktoren im Körper beeinflusst wird. Der wichtigste Regulator für die Ausschüttung von ADH sind zwei wesentliche Faktoren: (1) die Veränderungen des Blutdrucks und (2) die osmotische Konzentration im Blut. Wenn im Körper vermehrt Natrium vorhanden ist oder der Blutdruck sinkt wird ADH durch die Hypophyse ausgeschüttet. Hingegen wird bei einem Abfall von Natrium und einem steigenden Blutdruck ADH nur noch in geringen Mengen ausgeschüttet. Weiterhin wird die Freisetzung von ADH ebenso durch zum Beispiel Schilddrüsenhormone beeinflusst (Stalla, 2007, S. 91–92).

Die Regulation des Wasserhaushaltes geschieht durch die Reabsorption von Wasser in den Nieren (Karim & Eck, 2015, S. 48). Durch diese Funktion kann dem Körper täglich 15 bis 25 Liter Primärharn zurück gegeben werden (Vasopressin kann mehr, 2011). Weiterhin wird in diesem Artikel geschrieben, dass eine zu geringe Produktion von ADH zu Diabtes insipidus führt, bei dem täglich Harn im niedrigen zehnstelligen Bereich ausgeschieden wird. Dadurch ist das Bedürfnis nach Trinken deutlich gesteigert (Vasopressin kann mehr, 2011). Weiterhin ist zu erwähnen, dass durch Alkohol die Freisetzung von ADH gehemmt wird, wodurch es dann zu einem gesteigerten Harndrang kommt (Pritzel, Brand & Markowitsch, 2009, S. 487–488).

Adiuretin ist nach Bartels und Zeki (2004) ebenfalls für die Bindung von Müttern zu ihren Kindern, wie auch der Paarbindung zwischen Erwachsenen beteiligt (S. 1162).

2.3 Somatotropin

Somatotropin wird auch als Wachstumshormon bezeichnet (Birbaumer & Schmidt, 2010, S. 129). Nach Pinel und Pauli (2007) ist Somatotropin das einzige Hormon der Adenohypophyse, dass nicht mit einer Drüse verbunden ist. Somatotropin wirkt direkt auf die Knochen- und Muskelgewebe des Menschen ein. Dies führt dazu, dass während der Pubertät ein Wachstumsschub ausgelöst wird (Pinel & Pauli, 2007, S. 433). Wenn ein Überschuss an somatotropen Hormonen in der Wachstumsphase vorliegt, führt dies zu einer Großwüchsigkeit, hingegen führt ein Mangel an Somatotropin zum Kleinwuchs (Kleinwuchs bei Kindern, 2004, S. 54)

Bis das Kind bzw. der Jugendliche ausgewachsen ist, erfolgt die Ausschüttung des Hormons, laut Birbaumer und Schmidt (2010), drei bis vier Mal täglich und in den ersten drei Stunden der Tiefschlafphase. Somatotropin ist für eine normale körperliche Entwicklung eines Menschen notwendig (Birbaumer & Schmidt, 2010, S. 129).

Im Erwachsenenalter kommt es weiterhin zur Ausschüttung des somatotropen Hormones. Dies wird zum Beispiel ersichtlich, wenn der Körper zu viel ausschüttet und es zu einer Größenzunahme oder Verdickung von Nase, Kinn oder Ohren kommt (Stalla, 2007, S. 839). Aufgrund dessen erhalten in Amerika viele ältere Menschen eine Anti-Aging-Therapie mit Wachstumshormonen. Jedoch gibt es noch keine Studien, die die Wirksamkeit einer solchen Therapieform gegen das Altern bestätigt (Luger, 2007, S. 17).

2.4 Adrenocorticotropes Hormon

Das adrenocoritoctrope Hormon, auch Corticotropin genannt, hat verschiedene Funktionen im menschlichen Körper (Pinel & Pauli, 2007, S. 433). Zum Beispiel wird die Hypothalamus-Hypophysen-Achse durch ACTH gesteuert (Allen & Sharma, 2019, Kap. Introduction) und kann somit komplexe Interaktionen zwischen dem endokrinen System und dem Nervensystem steuern (Becker-Carus & Wendt, 2017, S. 46). Weiterhin reguliert es die Cortisol- und Androgenproduktion (Allen & Sharma, 2019, Kap. Introduction). Entsprechend Birbaumer und Schmidt (2010) wird die Cortisolausschüttung durch ACTH in Stresssituationen angeregt. Es kann deshalb bei sehr starkem Stress vorkommen, dass die Konzentration von ACTH im Blut deutlich höher als notwendig ist, um Cortisol freizusetzen. Je nachdem wie lange der Stress anhält, kann es passieren, dass der ACTH-Spiegel im Blut dauerhaft erhöht bleibt (Birbaumer & Schmidt, 2010, S. 132–133, 151). Dies kann zum Beispiel bei Posttraumatischen Belastungsstörungen vorkommen. Pinel und Pauli (2007) vermuten, dass dies vor allem bei Personen vorkommt, die in früher Kindheit bereits großen Stress erfahren haben und deswegen schlecht mit Stress umgehen können und deshalb sehr sensibel auf viele Situationen reagieren (Pinel & Pauli, 2007, S. 614).

Eine andere wichtige Aufgabe kommt ACTH mit dem gonadotropen Hormon während der Pubertät zuteil. Durch die Ausschüttung dieser beiden Hormone werden die Gonaden und die Nebennierenrinden dazu veranlasst wiederum Hormone freizusetzen, die die Ausbildung der Sexualorgane und der sekundären Geschlechtsmerkmale anregen (Pinel & Pauli, 2007, S. 433).

Birbaumer und Schmidt (2010) schreiben außerdem, dass ACTH die Aufmerksamkeit, das Lernen und das Gedächtnis fördert (S. 144).

3 Neurofeedback und dessen Anwendung

Im Bereich der Verhaltensmedizin ist das Biofeedbackverfahren eine der wichtigsten Techniken zur Behandlung von verschiedensten Erkrankungen (Birbaumer & Schmidt, 2010, S. 656; Gerrig, 2016, S. 495). Bei der Methode des Biofeedbacks wird auf verschiedene Methoden der Lernpsychologie zurückgegriffen, so zum Beispiel auf die klassische und operante Konditionierung (Strehl, 2013, Kap. 1.1). Bei der Anwendung soll die zu behandelnde Person das unerwünschte Verhalten selbst regulieren (Birbaumer & Schmidt, 2010, S. 495). Nach Wittchen und Hoyer (2011) werden dem zu behandelnden Menschen Rückmeldungen über die physischen Gegebenheiten sowie die Korrekturen gegeben. Damit wird erreicht, dass die für den Menschen nicht oder nur schlecht wahrnehmbaren Prozesse erlebbar werden. Zum Einsatz kommen dabei verschiedene physiologische Messmethoden, wie zum Beispiel die Messung der Herzaktivität oder des Blutdrucks, Messung der Hautleitfähigkeit, Messung der muskulären Spannung oder die Messung der Gehirnaktivität (Wittchen & Hoyer, 2011, S. 522). Wenn mit Hilfe der Elektroenzephalographie (EEG) die elektrische Aktivität des Gehirns beeinflusst werden soll, wird auch von der Methode des Neurofeedbacks (NF) gesprochen (Ehlert, 2016, S. 348). Wie dies genau funktioniert, wird unter dem Punkt 3.1 Wirkweise von Neurofeedback erläutert. Das Ziel ist es, den Körper und Geist positiv zu beeinflussen und bei der Genesung zu unterstützen (Rief & Birbaumer, 2011, S. 1).

Zusammengefasst kann gesagt werden, dass jedes Neurofeedback gleichzeitig auch Biofeedback ist, aber nicht jedes Biofeedback ist gleich Neurofeedback. Im nachfolgenden Text wird nur auf das Neurofeedback eingegangen.

3.1 Wirkweise von Neurofeedback

Nach Wiedemann und Krombholz (2013) wird beim Neurofeedback der zu behandelnden Person ein Feedback über seine aktuelle Gehirnaktivität mit Hilfe einer EEG-Messung gegeben (S. 6). Bevor darauf näher eingegangen werden kann, wird kurz erläutert, was ein EEG ist und was es misst.

An der Kopfoberfläche kann durch Elektroden die Gehirnaktivität eines Menschen gemessen werden (Dietz, 2006, S. 29). Diese elektrischen Signale

18

werden als Elektroenzephalogramm bezeichnet (Pape, 2010, S. 850). Nach Pape (2010) werden beim Menschen vier verschiedene Frequenzbänder unterschieden. Diese werden in Abhängigkeit von der Frequenz, die in Hertz (Hz) gemessen wird und der auftretenden EEG-Wellen definiert (Pape, 2010, S. 851). Die vier typischen Frequenzbänder sind (Dietz, 2006, S. 29): (1) Delta (unter 4 Hz; Tiefschlaf oder Bewusstlosigkeit); (2) Theta (4 – 7 Hz, Einschlafen und leichter Schlaf); (3) Alpha (8 – 12 Hz, entspannter Wachzustand) und (4) Beta (13 – 40 Hz, aufmerksamer Wachzustand). Mithilfe des EEGs können präzise Zeitmessungen des menschlichen Gehirns vorgenommen werden (Birbaumer & Schmidt, 2010, S. 468), weshalb sich diese Methode für das Neurofeedback durchgesetzt hat (Enriquez-Geppert, 2019, S. 186).

Wie bereits weiter oben beschrieben, wird im Neurofeedback dem zu behandelnden Menschen ein direktes Feedback über die aktuelle Gehirnaktivität gegeben. Um dies für eine Verhaltensänderung zu nutzen, bedarf es einer Rückmeldeschleife aus fünf Teilstücken. Dieser Zyklus ist in der Abbildung 2 dargestellt und wird anschließend beschrieben.

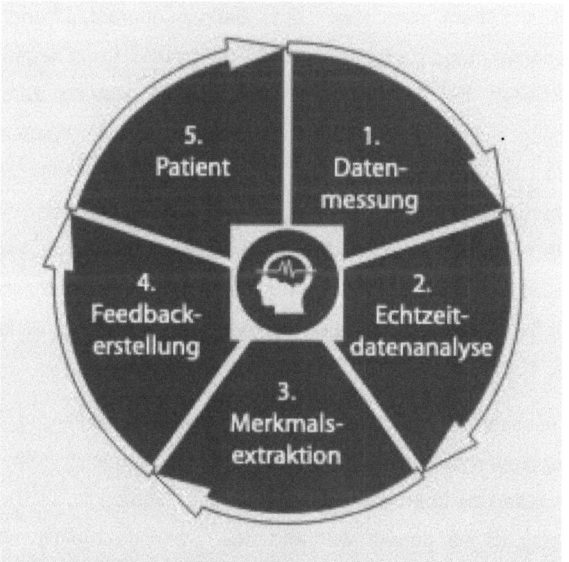

Abbildung 2: Fünf Elemente der Neurofeedback-Rückmeldeschleife
(Quelle: Enriquez-Geppert, 2019, S. 186)

Im ersten Schritt des NFs wird die Gehirnaktivität durch ein EEG aufgezeichnet (Enriquez-Geppert, 2019, S. 186). Dafür ist prinzipiell nur ein EEG-Verstärker notwendig, der an den Computer angeschlossen wird (Ros, Baars, Lanius & Vuilleumier, 2014, S. 8). Nach Ros und Kollegen (2014) wird dieses System auch als Brain-Computer-Interface bezeichnet. In sogenannten „Closed-Loop"- oder Neurofeedback-Desings werden diese Signale anschließend als Art sensorische Darstellung der Gehirnaktivität kontinuierlich in Echtzeit auf dem Computer-Bildschirm angezeigt, zum Beispiel in Form eines Videospiels (Ros et al., 2014, S. 8). Laut Enriquez-Geppert (2019) wird im nächsten Schritt ein Merkmal herausgesucht, dass trainiert werden soll. Im vierten Schritt wird dieses Merkmal dann in ein Feedbacksignal umgewandelt und im letzten Schritt versucht die Patientin oder der Patient ihre oder seine Gehirnaktivität entsprechend zu beeinflussen. Mit dem letzten Schritt startet der Zyklus wieder von vorne bis das erwünschte Ergebnis erreicht ist (Enriquez-Geppert, 2019, S. 186).

Um das gewünschte Verhalten zu erhalten, muss dies jedoch entsprechend verstärkt werden. Dies kann durch klassische oder operante Konditionierung erfolgen (Strehl, 2013, Kap. 1.2.1). Bei dem operanten Konditionieren wird, nach Wiedemann und Krombholz (2013), mit positiven und negativen Konsequenzen gearbeitet. Im Falle des Neurofeedbacks können zum Beispiel positive Konsequenzen das Wegfallen von Schmerzen sein (Wiedemann & Krombholz, 2013, S. 19). Im Falle des Videospiels könnte sich für die gewünschte Gehirnaktivität eine Figur im Spiel fortbewegen oder als negative Konsequenz einfach stehen bleiben (Enriquez-Geppert, 2019, S. 186). Durch stetiges wiederholen und entsprechendes Verstärken der Gewünschten Handlung, wird dies für die zu behandelnde Person mit der Zeit immer einfacher (Strehl, 2013, Kap. 1.2.1).

Im nächsten Schritt erfolgt die klassische Konditionierung. Bei dieser liegt der Hauptaugenmerk darauf, dass durch die operante Konditionierung erlernte, in den Alltag zu übertragen (Wiedemann & Krombholz, 2013, S. 19). Damit dies gelingt, ist es bereits während des Trainings wichtig, dass außerhalb der eigentlichen Übungssituation trainiert wird (Strehl, 2013, Kap. 1.2.3). Dies kann über verschiedene Wege erfolgen. Wiedemann und Krombholz (2013) schlagen dafür vor, dass das Trainingsobjekt aus dem NF als Visitenkarte oder Bild mit nach Hause gegeben wird. Die Visitenkarte kann als Belohnung angesehen werden. Die zu behandelnde Person bekommt dann die Aufgabe sich diese Bild bzw. die Visitenkarte mehrmals täglich für wenige Minuten anzusehen und sich vorzustellen, was mit dem Gegenstand auf dem Bild während der Sitzung passiert ist. Durch dieses Verhalten erfolgt eine Reiz-Reaktions-Verknüpfung und das Bild wird durch viele Wiederholungen zu einem klassich konditionierten Reiz. Zusätzlich empfehlen Wiedemann und Krombholz (2013), dass die Karte vor allem in dem Umfeld genutzt und geübt wird, wo das Verhalten später wirken soll (Wiedemann & Krombholz, 2013, S. 19–20). Strehl (2013) schreibt weiterhin, dass die Karten zur Selbstkontrolle nur eingesetzt werden sollen, wenn die Situationen zuvor bekannt sind oder durch die zu behandelnde Person erkannt werden können (Kap. 1.2.3). Im letzten Schritt erfolgt die Automatisierung des Verhaltens. Das heißt, dass die zu behandelne Person die Steuerung der Gehirnaktivität nicht mehr bewusst abrufen muss (Strehl, 2013, Kap. 1.2.4).

3.2 Anwendung von Neurofeedback

Nachdem im vorherigen Absatz erläutert wurde, wie Neurofeedback wirken kann, geht es im folgenden Text um die Anwendung von Neurofeedback bei dem Störungsbild Aufmerksamkeitsdefizit-/Hyperaktivitätsstörung (ADHS).

Nach der S3-Leitline zum Krankheitsbild ADHS gehört diese psychische Störung zu den meist diagnostizierten Störungsbildern im Kindes- und Jugendalter (DGKJP et al., 2017, S. 11). Entsprechend dem DSM-IV wird die Störung durch drei Kernsymptome gekennzeichnet (American Psychiatric Association, 1994; zitiert nach Vorstand der Bundesärztekammer, 2005, S. 5): (1) Unaufmerksamkeit, (2) motorische Unruhe und (3) Impulsivität. Nach dem Vorstand der Bundesärztekammer (2005) können die drei Kernsymptome in drei Grundmerkmalen beschrieben werden (S. 5): (1) Die Aufmerksamkeit ist gestört und es fehlt an Durchhaltevermögen bei Aufgaben mit dem Hang, diese schnell zu wechseln, noch bevor die Tätigkeit überhaupt beendet wurde; (2) Eine ruheloses Art, die sich besonders zeigt, wenn das Kind ruhig sitzen soll; (3) Ein impulsives Wesen, dass sich nur schlecht an den sozialen Kontext anpassen kann. Nach Kring, Johnson und Hautzinger (2019) muss ein Kind mindestens sechs Auffälligkeiten in für seine Entwicklungsphase entsprechenden, extremen Ausprägung aufweisen. Weiterhin muss dies bereits im Alter von unter 12 Jahren mindestens sechs Monate aufgetreten sein. Weiterhin tritt es in verschiedenen Bereichen des sozialen Miteinanders auf, wie zum Beispiel zu Hause und in der Kindertagesstätte oder der Schule (Kring et al., 2019, S. 489).

Um ADHS bei Kindern mit Neurofeedback zu behandeln, gibt es nach Strehl, Leins und Heinrich (2011) verschiedene Ansätze. Bei den Trainingsprogrammen lässt sich unterscheiden, ob eine Steuerung der einzelnen Aktivitäten in den Frequenzbändern angestrebt wird oder langsame Potenziale. Hinzu kommt eine weitere Unterscheidung, bei der es darum geht, ob das Neurofeedback kontinuierlich gegeben werden soll oder diskontinuierlich. Es gibt jedoch keine Studien, die die verschiedenen Trainingsformen mit einander verglichen haben. Welches Verfahren angewendet wird, hängt von der Ausstattung der Praxis ab (Strehl et al., 2011, S. 245–246).

Nach Strehl und Kollegen (2011) läuft das Neurofeedback bei der Behandlung von Patienten mit ADHS ähnlich ab, wie oben beschrieben. Im Regelfall dauert eine Sitzung zwischen 30 und 45 Minuten. Zu Beginn einer Sitzung wird für wenige Minuten eine sogenannte Baseline, also Referenzwerte für das nachfolgende Training aufgezeichnet. Im Anschluss erfolgt das eigentliche Training. Da zumeist mit Kindern gearbeitet wird, empfiehlt sich ein kindgerechtes Computerspiel. Während des Trainings erhalten die Kinder verschiedene Aufgaben, wie zum Beispiel Lesen oder Rechnen. Während dieser Zeit wird dem Patienten ein kontinuierliches Feedback gegeben. Im Anschluss erfolgt noch eine zusätzliche Verstärkung. Die Aufgabe der Patienten besteht im Anschluss darin, diese Übungen auch außerhalb der Sitzungen durchzuführen (Strehl, Leins, et al., 2011, S. 248–250).

Neurofeedback kann ebenso bei anderen Erkrankungen angewendet werden. Zum Beispiel bei Epilepsien (Strehl, Kotchoubey & Birbaumer, 2011, S. 264). Bei Epilepsien ist das Ziel des Neurofeedbacks, dass die zu behandelnde Person durch Selbstregulation einen Anfall vorbeugen kann (Strehl, Kotchoubey, et al., 2011, S. 264). Kübler und Birbaumer (2011) schreiben, dass ein weiteres Anwendungsfeld das Locked-in-Syndrom ist. Das Locked-in-Syndrom wird dadurch charakterisiert, dass die verbale und nicht verbale Kommunikation durch verschiedene neurologische Erkrankungen eingeschränkt ist. Ziel des Neurofeedback ist es mithilfe des Brain-Computer die Kommunikation wiederherzustellen und anschließend aufrecht zu erhalten (Kübler & Birbaumer, 2011, S. 302, 305).

Literaturverzeichnis

Allen, M. J. & Sharma, S. (2019). Physiology, Adrenocorticotropic Hormone (ACTH). *NCBI - National Center for Biotechnology Information.* Verfügbar unter: https://www.ncbi.nlm.nih.gov/books/NBK500031/

American Psychiatric Association. (1994). *Diagnostic and statistical manual of mental disorders* (4.). Washington, D.C: American Psychological Association.

Bartels, A. & Zeki, S. (2004). The neural correlates of maternal and romantiv love. *NeuroImage, 21,* 1155–1166. https://doi.org/10.1016/j.neuroimage.2003.11.003

Becker-Carus, C. & Wendt, M. (2017). Neurowissenschaft und Verhalten - biologisch-physiologische Grundlagen. In C. Becker-Carus & M. Wendt (Hrsg.), *Allgemeine Psychologie: Eine Einführung* (2., S. 31–72). Berlin: Springer-Verlag. https://doi.org/10.1007/978-3-662-53006-1_2

Birbaumer, N. & Schmidt, R. F. (2010). *Biologische Psychologie* (7.). Heidelberg: Springer Medizin.

Cuevas, J. (2015). The Peripheral Nervous System. In S.J. Enne & D.B. Bylund (Hrsg.), *xPharm: The Comprehensive Pharmacology Reference* (1., S. 1–2). Amsterdam: Elsevier. https://doi.org/https://doi.org/10.1016/B978-0-12-801238-3.05360-5

Damasio, A. (2005). Brain trust. *nature, 435,* 571–572.

De Dreu, C. K. W., Greer, L. L., Handgraaf, M. J. J., Shalvi, S. & Van Kleef, G. A. (2012). Oxytocin modulates selection of allies in intergroup conflict. *Proceedings of the Royal Society, 279,* 1150–1154. https://doi.org/10.1098/rspb.2011.1444

DGKJP, DGPPN, DGSPJ, dgkjp, DGPPN, Deutsche Gesellschaft für Sozialpädiatrie und Jugendmedizin e. V. et al. (Hrsg.). (2017). *Langfassung der interdisziplinären evidenz- und konsensbasierten (S3) Leitlinie „Aufmerksamkeitsdefizit-/Hyperaktivitätsstörung (ADHS) im Kindes-, Jugend- und Erwachsenenalter"* (1.). Verfügbar unter: https://www.awmf.org/uploads/tx_szleitlinien/028-045l_S3_ADHS_2018-06.pdf

Dierlmeier, D. (2015). *Nervensystem in der Osteopathie: Periphere Nerven, Gehirn- und Rückenmarkshäute, Vegetativum* (1.). Stuttgart: Karl F. Haug Verlag.

Dietz, F. (2006). *Psychologie 1: Methodische Grundlagen und biopsychologische Modelle* (1.). Marburg/Lahn: MEDI-LEARN.

Ehlert, U. (2016). *Verhaltensmedizin* (2.). Berlin; Heidelberg: Springer-Verlag. https://doi.org/10.1007/978-3-662-48035-9

Enriquez-Geppert, S. (2019). Neurofeedback aus der Perspektive der Neurowissenschaft - Aktuelle Entwicklungen und Trends. *Psychotherapeut*, (64), 186–193. https://doi.org/https://doi.org/10.1007/s00278-019-0351-3

Entringer, S. & Heim, C. (2016). Biologische Grundlagen. In U. Ehlert (Hrsg.), *Verhaltensmedizin* (2., S. 13–42). Berlin; Heidelberg: Springer-Verlag. https://doi.org/10.1007/978-3-662-48035-9_2

Gauggel, S. & Herrmann, M. (2008). *Handbuch der Neuro- und Biopsychologie* (1.). Göttingen: Hogrefe.

Gerrig, R. J. (2016). *Psychologie* (20.). Hallbergmoos: Pearson.

Geuter, U. (2008). *Körperpsychotherapie: Grundriss einer Theorie für die klinische Praxis* (1.). Berlin; Heidelberg: Springer-Verlag. https://doi.org/10.1007/978-3-642-04014-6

Gordon, I., Zagoory-Sharon, O., Leckman, J. F. & Feldman, R. (2010). Oxytocin and the Development of Parenting in Humans. *Biological Psychiatry, 68*(4), 377–382. https://doi.org/10.1016/j.biopsych.2010.02.005

Heller, M. (2012). *Body psychotherapy: History, concepts, methods* (1.). New York, NY: Norton.

Helmer, H., Brunbacher, M., Fuchs, A.-R., Husslein, P. & Knöfler, M. (2002). Oxytocin-Rezeptoren und Gap Junctions bei vorzeitige und termingerechten Wehen. *Geburtshilfe und Frauenheilkunde, 62*(2), 167–171. https://doi.org/10.1055/s-2002-22117

Karenberg, A. (2007). *Fachsprache Medizin im Schnellkurs: Für Studium und Berufspraxis* (2.). Stuttgart: Schattauer.

Karim, A. A. & Eck, G. (2015). *Biologische Psychologie* (1.), Studienbrief der SRH Fernhochschule, Riedlingen.

Kleinwuchs bei Kindern: Eine Chance zu wahrer Größe. (2004). *Deutsche*

Apotheker Zeitung, 50, 54.

Kosfeld, M., Heinrichs, M., Zak, P. J., Fischbacher, U. & Fehr, E. (2005). Oxytocin increases trust in humans. *nature, 435,* 673–676. https://doi.org/10.1038/nature03701

Kring, A. M., Johnson, S. L. & Hautzinger, M. (2019). *Klinische Psychologie* (9.). Weinheim; Basel: Beltz.

Kübler, A. & Birbaumer, N. (2011). Locked-in-Syndrom. In W. Rief & N. Birbaumer (Hrsg.), *Biofeedback: Grundlagen - Indikation - Kommunikation - Vorgehen* (3., S. 302–322). Stuttgart: Schattauer.

Luger, A. (2007). Substitutionstherapie bei Wachstumshormonmangel. *Journal für Fertilität und Reproduktion, 17*(1), 15–18.

Michael-Titus, A., Revest, P. & Shortland, P. (2018). *Nervensystem - Integrative Grundlagen und Fälle* (1.). München: Elsevier.

Myers, D. G. (2014). *Psychologie* (3.). Berlin; Heidelberg: Springer-Verlag. https://doi.org/10.1007/978-3-642--40782-6

Pape, H.-C. (2010). Wachheit und Schlaf: Rhythmen des Gehirns im Muster des Elektroenzephalogramms. In R. Klinke, H.-C. Pape, A. Kurtz & S. Silbernagl (Hrsg.), *Physiologie* (6., S. 850–865). Stuttgart: Georg Thieme Verlag.

Patton, K. T. & Thibodeau, G. (2016). *Anatomy & Physiology* (9.). St. Louis, Mossouri: Elsevier.

Pinel, J. P. J. & Pauli, P. (2007). *Biopsychologie* (6.). München: Pearson.

Pritzel, M., Brand, M. & Markowitsch, H. J. (2009). *Gehirn und Verhalten: Ein Grundkurs der physiologischen Psychologie* (1.). Heidelberg: Spektrum Akademischer Verlag.

Rief, W. & Birbaumer, N. (2011). Grundsätzliches zu Biofeedback. In W. Rief & N. Birbaumer (Hrsg.), *Biofeedback: Grundlagen - Indikation - Kommunikation - Vorgehen* (3., S. 1–7). Stuttgart: Schattauer.

Rockstroh, S. (2011). *Biologische Psychologie* (1.). München: Ernst Reinhardt Verlag.

Ros, T., Baars, B. J., Lanius, R. A. & Vuilleumier, P. (2014). Tuning pathological brain oscillations with neurofeedback: a systems neuroscience framework. *Frontiers in Human Neuroscience*, *8*(1008), 1–22. https://doi.org/10.3389/fnhum.2014.01008

Schiebler, T. H. & Korf, H.-W. (2007). *Anatomie* (10.). Heidelberg: Steinkopff Verlag.

Shamay-Tsoory, S. G., Fischer, M., Dvash, J., Harari, H., Perach-Bloom, N. & Levkovitz, Y. (2009). Intranasal Administration of Oxytocin Increases Envy and Schadenfreude (Gloating). *Biological Psychiatry*, *66*, 864–870. https://doi.org/10.1016/j.biopsych.2009.06.009

Silbernagl, S. & Despopoulos, A. (2007). *Taschenatlas Physiologie* (7.). Stuttgart: Thieme.

Stalla, G. K. (2007). *Therapielexikon: Endokrinologie und Stoffwechselkrankheiten* (1.). Heidelberg: Springer Medizin.

Strehl, U. (2013). Einführung. In U. Strehl (Hrsg.), *Neurofeedback: Theoretische Grundlagen Praktisches Vorgehen Wissenschaftliche Evidenz* (1.). Stuttgart: Kohlhammer.

Strehl, U., Kotchoubey, B. & Birbaumer, N. (2011). Epilepsien. In W. Rief & N. Birbaumer (Hrsg.), *Biofeedback: Grundlagen - Indikation - Kommunikation - Vorgehen* (3., S. 261–280). Stuttgart: Schattauer.

Strehl, U., Leins, U. & Heinrich, H. (2011). Aufmerksamkeitsdefizit-/Hyperaktivitätsstörung (ADHS). In W. Rief & N. Birbaumer (Hrsg.), *Biofeedback: Grundlagen - Indikation - Kommunikation - Vorgehen* (3., S. 238–260). Stuttgart: Schattauer.

Vasopressin kann mehr. (2011). *Pharmazeutische Zeitung*, *05*.

Vorstand der Bundesärztekammer. (2005). *Stellungnahme zur „Aufmerksamkeitsdefizit-/Hyperaktivitätsstörung (ADHS)" - Langfassung -.* Verfügbar unter: https://www.bundesaerztekammer.de/fileadmin/user_upload/downloads/ADHSLang.pdf

Walter, H. (2003). Liebe und Lust: Ein intimes Verhältnis und seine neurobiologischen Grundlagen. In A. Stephan & H. Walter (Hrsg.), *Natur und Theorie der Emotion* (1., S. 75–113). Paderborn: mentis.

Weiten, W. (2011). *Psychology: Themes and Variations* (9.). Belmont, CA: Wadsworth, Cengage Learning.

Wiedemann, M. & Krombholz, A. (2013). Biofeedback und Neurofeedback. In K.-M. Haus, C. Held, A. Kowalski, A. Krombholz, M. Nowak, E. Schneider et al. (Hrsg.), *Praxisbuch Biofeedback und Neurofeedback* (1., S. 3–21). Berlin; Heidelberg: Springer-Verlag. https://doi.org/10.1007/978-3-642-30179-7

Wittchen, H.-U. & Hoyer, J. (2011). *Klinische Psychologie & Psychotherapie* (2.). Berlin; Heidelberg: Springer Medizin.

BEI GRIN MACHT SICH IHR WISSEN BEZAHLT

- Wir veröffentlichen Ihre Hausarbeit, Bachelor- und Masterarbeit

- Ihr eigenes eBook und Buch - weltweit in allen wichtigen Shops

- Verdienen Sie an jedem Verkauf

Jetzt bei www.GRIN.com hochladen und kostenlos publizieren